바른 역사를 펴내는 데 길잡이가 되어 주신 분들

추천감수 최광식 (현 고려대학교 한국사학과 교수 · 국립 중앙 박물관장)
고려대학교 사학과를 졸업하고 같은 학교 대학원을 졸업했습니다. 고구려, 백제, 신라의 정치와 사상을 연구하고 있습니다. 효성여자대학교 사학과 교수, 일본 동북대학교 객원연구원, 중국 북경대학교 초빙교수, 미국 UCLA 초빙교수를 지냈으며, 한국역사민속학회 회장, 한국고대사학회 회장, 고구려연구재단 상임이사, 고려대학교 박물관장으로 활동했습니다. 현재 고려대학교 한국사학과 교수 및 국립 중앙 박물관장, 한국고대학회 회장으로 활동하고 있습니다. 주요 저서로는 《고대 한국의 국가와 제사》, 《중국의 고구려사 왜곡》, 《단재 신채호의 '천고'》, 《우리 고대사의 성문을 열다》, 《백제의 신화와 제의》, 《한국 고대의 토착신앙과 불교》 등이 있습니다.

추천감수 박남수 (현 국사편찬위원회 편사 연구관 · 동국대학교 사학과 겸임교수)
동국대학교 사학과를 졸업하고 같은 학교 대학원 사학과에서 한국 고대사를 전공했습니다. 한국 고대 사회경제사 및 정치사를 연구했습니다. 현재 국사편찬위원회 편사 연구관 및 동국대학교 사학과 겸임교수로 활동하고 있습니다. 주요 논문으로는 《신라 화백회의 기능과 성격》, 《김대성의 불국사 조영과 그 경제적 기반》, 《삼국의 경제와 교역활동》, 《8~9세기 한·중·일 교역과 장보고의 경제적 기반》, 《고구려 조세제와 민호편제》, 《통일신라의 대일교역과 애장왕대 교빙결》 등이 있으며 신서원의 《신라수공업사》를 저술했습니다.

추천감수 박대재 (현 고려대학교 한국사학과 교수 · 전 국사편찬위원회 편사 연구사)
고려대학교 한국사학과를 졸업하고 같은 학교 대학원 사학과를 졸업했습니다. 고조선, 부여, 삼한 등 한국 상고사를 연구하고 있습니다. 공군사관학교 역사철학과 교수요원, 미국 남가주대학교(USC) 한국학연구소 객원연구원, 국사편찬위원회 편사 연구사를 지냈으며, 현재 고려대학교 한국사학과 교수, 한국사연구회 편집이사로 활동하고 있습니다. 주요 저서로는 《의식과 전쟁-고대 국가를 바라보는 새로운 시각》, 《고대한국 초기국가의 왕과 전쟁》 등이 있습니다.

추천감수 임상선 (현 동북아역사재단 연구위원)
동국대학교 역사교육학과와 한국정신문화연구원 한국학대학원을 졸업했습니다. 발해의 역사와 문화, 동북아의 교과서와 역사분쟁을 연구했습니다. 서울시립미술관 및 서울역사박물관 전문위원에 이어 현재 동북아역사재단 연구위원으로 활동하고 있습니다. 주요 논문으로는 《발해 천도에 대한 고찰》, 《발해의 왕위계승》, 《'발해인' 이광현과 그의 도교서 검토》, 《발해의 도성체제와 그 특징》, 《중국학계의 발해·고구려 역사연구 비교》 등이 있으며 신서원의 《발해의 지배세력 연구》를 저술했습니다.

어려운 역사를 흥미로운 동화로 꾸며 주신 분들

글 우리역사연구회
중국과 일본 등 주변의 여러 나라들이 역사를 왜곡하고 있습니다. 우리가 우리의 역사를 잊어버리거나 바로 알지 못할 때 우리의 역사를 도둑맞게 됩니다. 우리 아이들에게 올바른 역사 인식과 역사관을 심어 주고, 역사 공부와 통합 논술 준비에 도움이 되는 책을 만들고자 우리역사연구회라는 이름으로 뜻을 모았습니다.
기획 및 편집_류일윤, 이인영, 김근주, 장혜미, 장도상, 하순영 **역사연구원**_이승민, 민정현, 김설아, 허보현, 최연숙 **논술연구원**_추선호, 이지선, 강지하, 김현기, 주인자, 이명숙
동화작가_류일윤, 강이든, 황의웅, 유우제, 정영선, 김유정, 조지현, 김광원, 이자혜, 조은비, 박설아, 박지선, 이승진, 김진숙, 김경선, 김명수, 한희란, 김미선, 한화주

본문 그림 이주현
우석대학교에서 동양화를 전공했습니다. 주요 작품으로는 《견우와 직녀》, 《우렁각시》, 《벌의 생활》, 《고집쟁이가 된 엄마》 등이 있습니다.

부록 그림 김태란
한국출판미술협회 회원이자 어린이문화진흥회 회원이며 일러스트레이터로 활동하고 있습니다. 주요 작품으로는 《빌 게이츠》, 《도미 부인》, 《올리버 트위스트》, 《알라딘》, 《걸리버 여행기》, 《동물의 말소리를 알아듣는 왕》, 《혼자 갈 수 있어》 등이 있습니다.

선왕 해동성국 발해를 일구다

1판 1쇄 인쇄 2014년 2월　**1판 1쇄 발행** 2014년 2월
기획 및 편집 류일윤, 이인영, 김근주, 민정현, 김설아, 장도상, 하순영, 허보현, 이정애
교정 교열 박사례, 장혜미, 전희선, 최부옥, 김정희, 최효원　**논술 진행** 추선호, 이지선, 강지하
아트디렉터 이순영, 김영돈　**디자인** 김재욱, 김은주, 송나경, 김명희, 박미옥, 김용호, 홍성훈, design86
펴낸이 양기남　**펴낸곳** MLS　**출판등록번호** 제406-2012-000094호　**주소** 경기도 파주시 회동길 216, 파주출판도시 문정 3층
전화 031-957-3434　**팩스** 031-957-3780
ISBN 978-89-98210-69-4　ISBN 978-89-98210-26-7 (세트)

⚠ 주의 : 본 책으로 장난을 치거나 떨어뜨리면 어린이가 다칠 위험이 있습니다. 고온 다습한 장소나 직사광선이 닿는 장소에는 보관을 피해 주십시오.

《구당서》열전 북적 '발해' · 《신당서》열전 북적 '발해' · 《발해고》

선왕
해동성국 발해를 일구다

발해의 도읍 상경 용천부에 밤사이 함박눈이 펑펑 내렸어요.
꽁꽁 얼어붙은 목단강 위에도 눈이 수북하게 쌓였어요.
"자, 간다!"
"좋아, 내가 막을게!"
눈밭에서 세 소년이 격구*를 하고 있었어요.
격구는 발해에서 가장 인기 있는 놀이랍니다.
말을 타고 달리며 긴 막대기로 공을 쳐서 골대 안에 넣는 경기예요.
가장 덩치가 큰 소년이 다른 소년들을 밀치고 공을 넣었어요.
"와아! 내가 넣었다!"
"에잇! 다시 해!"

*격구(부딪칠 격擊, 공 구毬) 말을 타거나 걸어 다니면서 채로 공을 치던 무예 또는 운동이에요. 페르시아에서 시작되어 당나라를 거쳐 7세기경 우리나라에 전해졌어요. 고려, 조선 시대에도 인기 스포츠였어요.

"대인수 님이신데?"

이때, 멀리서 이 모습을 묵묵히 바라보는 소년이 있었어요.
대조영의 아우 대야발의 후손인 대인수였지요.
격구를 하던 세 소년은 대인수를 보고 순간 멈칫했어요.
잠시 저희끼리 숙덕거리더니
아까 공을 넣은 소년이 대인수에게 다가왔지요.
"저, 같이 격구를 하지 않으실래요?"
소년은 당시 발해의 황제인 강왕의 맏아들 대원유 태자였어요.
대인수와 비슷한 나이였지만 항렬*이 낮아 존댓말을 썼답니다.
대인수가 대원유의 아저씨뻘이었거든요.
대인수는 고개를 돌리며 작은 목소리로 말했어요.
"아니다. 내가 몸이 안 좋아서……."
"그럼 할 수 없지요. 자, 애들아, 다시 시작하자!"

*항렬(항렬 항行, 벌일 렬列) 같은 집안에서 갈라져 나간 계통 사이의 관계예요. 형제자매 관계는 같은 항렬이에요. 항렬이 높으면 자기보다 윗사람이고 낮으면 아랫사람이랍니다.

대인수는 자리를 옮겨 문적원으로 갔지요.
문적원은 진귀한 책들이 많이 있는 왕궁 도서관이에요.
대인수는 틈만 나면 문적원에 와서 책을 읽고 공부했지요.
대인수는 비록 어리지만 똑똑하고 아는 것이 많아 사람들의 기대를 한 몸에 받았답니다.
그런데 몸이 허약해 보는 사람마다 안타까워했지요.
"대인수 왕자님께서 튼튼하셨으면 오죽 좋을꼬.
 반드시 큰일을 하실 분인데……."

당시 강왕은 병에 걸려 시름시름 앓았어요.
신하들은 모였다 하면 걱정스러운 목소리로 말했지요.
"황제 폐하께서 승하*하시면 대원유 태자님이 즉위*하시겠지요?
과연 그분이 나라를 잘 이끌어 가실지……."
"태자님도 그렇고 다른 왕자님도
황제로서 지혜와 덕이 부족하니 걱정입니다."
대원유 태자와 왕자들은 신하들이 수군거리는 것을 알고 있었어요.
그래서 혹시라도 자기들보다 뛰어난 왕족이 나타날까 봐 걱정했어요.
대인수는 이런 상황을 잘 알고 있었어요.
쓸데없이 나서지 않고 몸을 사리는 것도 이 때문이었지요.

*승하(오를 승昇, 멀 하遐) 왕이나 귀한 사람이 세상을 떠남을 높여 이르던 말이에요.
*즉위(곧 즉卽, 자리 위位) 왕(임금)이 될 사람이 예식을 치른 후 왕(임금)의 자리에 오르는 일이에요.

"내 얘기 하는 건가?"

809년, 강왕이 세상을 뜨고 정왕이 황제가 되었어요.
정왕은 지혜와 덕이 부족한 황제였어요.
황제가 나라를 잘 다스리지 못하니
귀족들은 서로 다투고 관리들은 백성들을 괴롭혔지요.
'이대로 있다가는 나도 귀족들의 싸움에 휘말릴지 몰라.'
대인수는 왕궁 밖으로 몸을 피했어요.
그리고 발해 구석구석을 다니며 백성들의 생활을 살폈어요.
백성들은 몹시 어렵게 살고 있었어요.
귀족과 관리들에게 세금을 많이 바쳐야 했기 때문이에요.
게다가 주변 부족들에게 식량을 빼앗기는 일도 많았어요.
대인수는 어려운 백성들을 볼 때마다 가슴이 아팠어요.
'내가 황제라면 절대 백성들을 힘들게 하지 않을 거야!'

정왕은 얼마 살지 못하고 세상을 떠났어요.
정왕의 뒤를 이은 두 황제도 마찬가지였지요.
818년에는 정왕의 막냇동생인 간왕까지 죽었어요.
신하들은 모두 머리를 맞대고 고민했어요.
발해를 세운 고왕 대조영의 후손이 단 한 사람도 남지 않았거든요.
"얼른 황제 폐하를 모셔야 할 텐데, 누가 좋을까요?"
"지금 가장 서열*이 높은 대인수 왕자님이오.
 그런데 몸이 너무 약하셔서……."

*서열(차례 서序, 벌릴 열列) 일정한 기준에 따라 순서대로 늘어선 것을 말해요.

선왕 17

그때였어요.
"누가 내 몸이 약하다고 하는가?"
대인수가 평소와 달리 씩씩하게 걸어오는 게 아니겠어요?
신하들은 대인수를 보고 깜짝 놀랐지요.
"사실 나는 어릴 때부터 튼튼했소.
그러나 이러한 사실이
혹시라도 선황제들께 폐가 될까 숨긴 것이오."
대인수는 빙긋 웃으며 말을 이었어요.
"나를 발해의 황제로 맞이하겠소?"
신하들은 모두 크게 외쳤어요.
"만세! 발해의 새로운 황제 폐하, 만만세!"
대인수는 발해의 열 번째 황제가 되었어요.
그가 바로 발해를 최전성기로 이끈 선왕이랍니다.

선왕은 먼저 발해 주변 부족들을 칠 계획을 세웠어요.
"발해 주변의 부족들이 백성들을 괴롭히고 있소.
가엾은 백성들을 하루빨리 구해야겠소.
흑수 말갈을 칠 테니 준비하시오."
"폐하, 흑수 말갈은 여러 부족들 중에서 가장 강한 부족입니다.
약한 부족부터 치는 게 낫지 않을까요?"
"여러 번 할 전쟁을 한 번에 끝낼 것이오."
"여러 번 할 전쟁을 한 번에 끝낸다니요?"
선왕은 싱긋 웃으며 자신만만하게 말했어요.
"내게 다 생각이 있소. 나를 믿고 따르시오."

흑수 말갈이 발해에 항복했다는 소식이 주변 부족에 퍼졌어요.
주변 부족들은 지레 겁을 먹고
줄지어 선왕을 찾아왔지요.
"폐하! 부디 저희를 용서해 주십시오."
그제야 신하들은 선왕이 한 말의 뜻을 알 수 있었어요.
선왕은 강한 적을 먼저 무찌르면
그보다 약한 적은 스스로 항복한다는 것을 알고 있었던 거예요.

부디 저희를 용서해 주십시오.

발해는 날로 살기 좋아졌어요.
신하들은 선왕을 도와 밤낮으로 힘썼고요.
백성들도 선왕의 뜻을 따라 열심히 일했지요.
"이제야 살 것 같네."
"이게 다 황제 폐하 덕이지."
백성들은 선왕의 보호 아래 마음 편히 지낼 수 있었어요.
발해 곳곳에서 선왕을
칭찬하는 말이 울려 퍼졌어요.

하지만 선왕의 고민은 아직 끝나지 않았어요.
'어떻게 하면 백성들을 더욱 잘살게 할 수 있을까?'
이때 한 신하가 말했어요.
"폐하, 일본 귀족들은 담비 가죽을 무척 좋아합니다.
일본으로 사신을 보낼 때
우리가 만든 물건을 함께 보내 팔면 어떨까요?"
"옳거니! 좋은 생각이오."
선왕은 무릎을 탁 치며 매우 기뻐했어요.
"이제 일본으로 사신을 보낼 때마다
발해의 물건들도 꼭 함께 보내시오!
일본에는 없는 물건들을 골라 보내면
분명 비싼 값에 팔 수 있을 것이오."

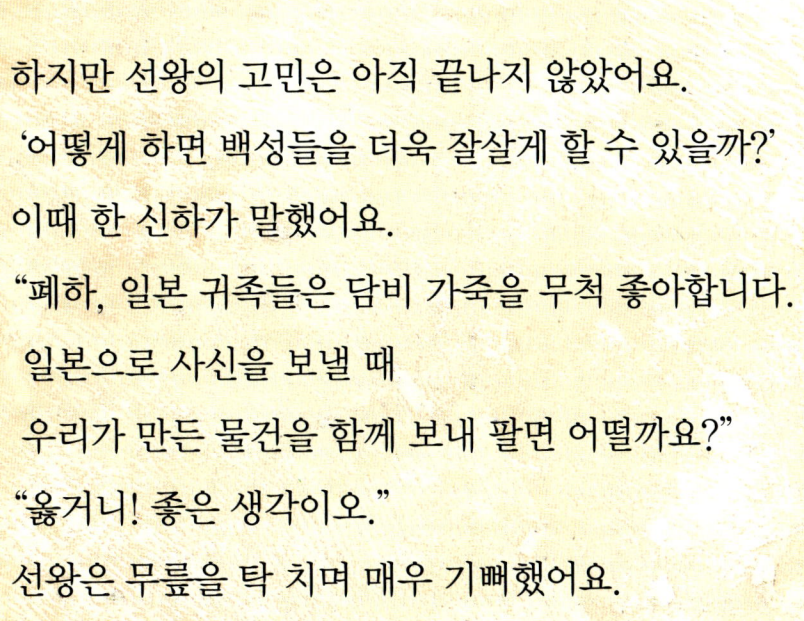

그 후 발해에서 일본으로 사신이 갈 때마다
배에 여러 물건들을 싣고 갔어요.
담비 가죽, 인삼, 녹용 등 발해 특산품들이
바다를 건너 일본으로 건너갔지요.

과연 일본에서는 발해의 물건들을 몹시 좋아했답니다.
특히 고급스러운 담비 가죽은 일본 귀족들에게 큰 인기를 끌었어요.
"역시 발해 물건들이 최고야."
"해동성국*이니까 다른 나라와는 비교도 안 되지."

*해동성국(바다 해海, 동녘 동東, 성할 성盛, 나라 국國)
바다 동쪽에 있는 강성한 나라라는 뜻이에요. 발해 전성기 때 당나라에서 발해를 해동성국이라 불렀어요.

🐾 만주 지역의 세 가지 보배
발해에서 나는 담비 가죽, 인삼, 녹용을 의미하며, 만주 지역의 세 가지 보배라고 불렀답니다.

선왕은 황제가 되기까지
어려운 일을 참 많이 겪었어요.
그래서 누구보다 백성들의 마음을 잘 헤아렸고,
백성들이 편히 살 수 있도록 애썼지요.
선왕은 안으로 백성들을 돌보고
밖으로 주변 부족을 쳐서 영토를 넓혔지요.
그 덕분에 발해는 선왕 때에 이르러
나라 안팎으로 눈부시게 발전할 수 있었어요.
당시 발해 영토는 서쪽으로 오늘날 요동 벌판,
동쪽으로 시베리아 일대,
남쪽으로 한반도의 평안도에까지 이르렀다고 해요.
발해를 크고 강한 나라로 만든 선왕!
해동성국 발해는 선왕이
남몰래 흘린 땀방울이 거둔 값진 결실이었지요.

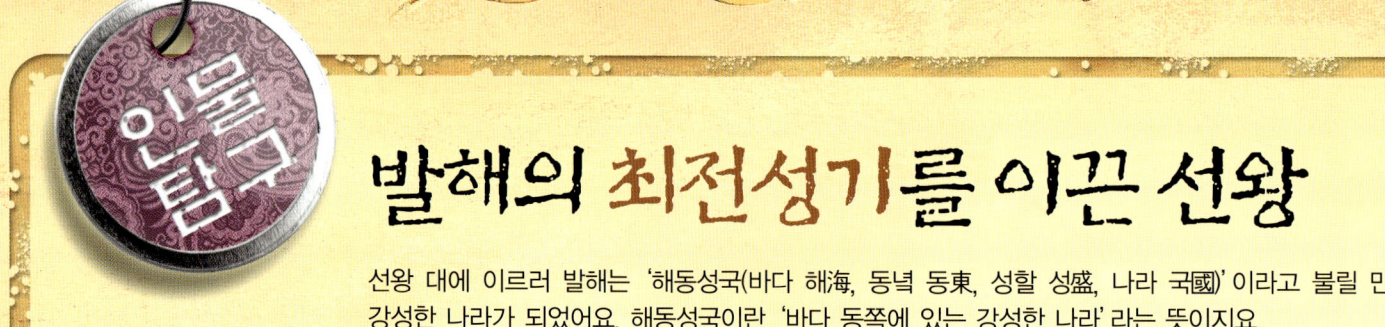

발해의 최전성기를 이끈 선왕

선왕 대에 이르러 발해는 '해동성국(바다 해海, 동녘 동東, 성할 성盛, 나라 국國)'이라고 불릴 만큼 강성한 나라가 되었어요. 해동성국이란 '바다 동쪽에 있는 강성한 나라'라는 뜻이지요.

동서남북 사방으로 발해의 힘을 떨치자!
선왕은 북쪽으로는 흑룡강(헤이룽 강) 유역까지 영토를 넓혀 흑수 말갈과 당나라의 교통로를 끊고, 서쪽으로 요동, 남쪽으로 신라를 공격해 발해의 땅을 대동강까지 넓혔어요. 이때 발해의 영토는 사방 5천 리에 이르렀다고 해요.

넓은 땅에 맞게 다스리자!
선왕은 광대한 영토를 잘 다스리기 위해 전국을 5경 15부 62주로 나누었어요. 이 중 5경은 상경, 중경, 동경, 남경, 서경이에요.

활발한 교류를 펼치다!
선왕은 일본, 당나라와 활발한 교류를 펼쳤어요. 발해의 문화 수준을 더욱 높이고, 경제적으로 더 큰 이익을 거두기 위해서였어요.

한껏 높아진 발해의 위상

발해의 힘이 커지자 발해와 신라 사이에 신경전이 벌어지기도 했어요.

마음껏 즐기십시오. 하하!

이곳은 당나라!

각국의 사신들은 저마다 정해진 자리가 있었는데, 더 힘센 나라일수록 당나라 황제 가까이에 앉았어요.

폐하! 발해가 신라보다 강해졌으니 제가 신라 사신보다 위에 앉겠습니다!

고민되네. 발해 편을 들어 줬다간 신라가 삐칠 텐데.

일단은 그냥 앉아요. 좋게 좋게 지내자고요!

비록 신라와 자리를 바꾸지는 못했지만, 발해의 높아진 위상을 엿볼 수 있는 이야기예요.

호기심 탐구

당나라가 발해를 해동성국이라고 부른 이유는 무엇인가요?

발해는 선왕 대에 이르러 당나라에 버금갈 만큼 강성한 나라로 성장했어요. 발해가 **넓은 영토와 융성한 문화**를 아우르자 당나라는 발해를 '바다 동쪽에 있는 강성한 나라' 라는 뜻으로 해동성국이라 불렀답니다.

일본에 영향을 준 발해의 문화에는 어떤 것이 있나요?

일본은 발해 사신단이 일본을 방문하는 것을 무척 환영했어요. 특히 발해의 **음악**은 유학생을 보내 배워 오게 할 정도로 인기가 많았어요. 또 발해인들이 즐기던 **격구**(오늘날의 폴로 경기와 비슷한 무예)와 **한시**를 전해 받아 대회를 열기도 했답니다.

일본을 오고간 발해의 배

발해인들은 객선, 운수선, 어선, 전선 등 여러 가지 종류의 배를 만들 정도로 배 만드는 기술이 뛰어났어요. 배 한 척에 100명씩 탈 수 있고, 사람과 무역품, 전쟁 무기 등 200톤에 가까운 무게를 감당할 만큼 튼튼했다고 합니다.

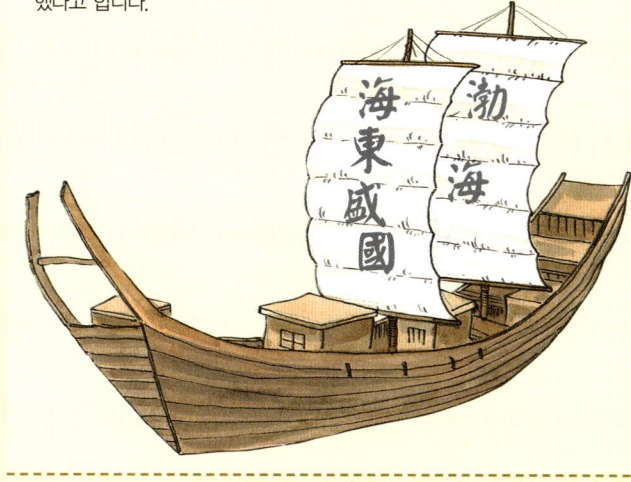

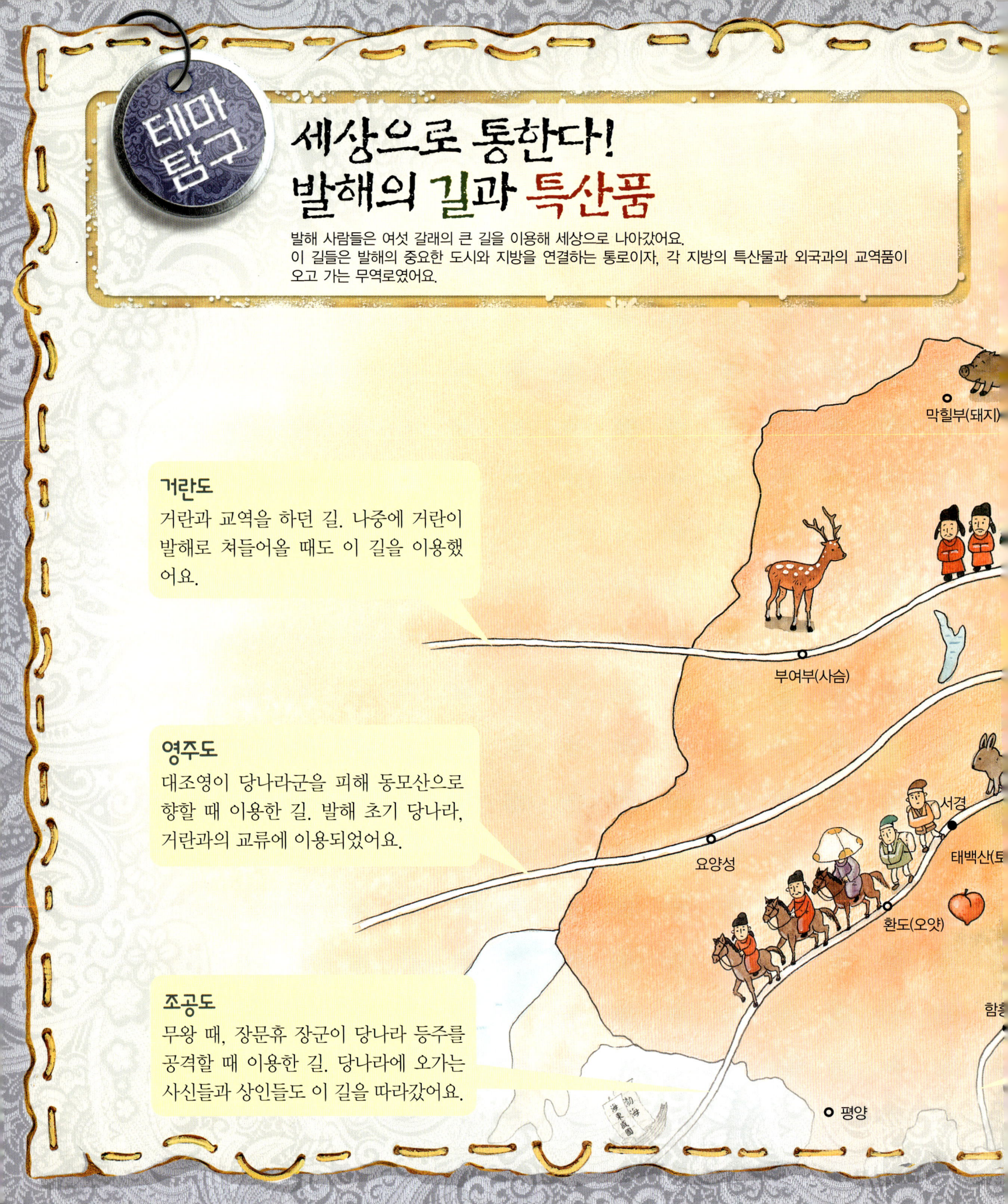

테마 탐구
세상으로 통한다! 발해의 길과 특산품

발해 사람들은 여섯 갈래의 큰 길을 이용해 세상으로 나아갔어요.
이 길들은 발해의 중요한 도시와 지방을 연결하는 통로이자, 각 지방의 특산물과 외국과의 교역품이 오고 가는 무역로였어요.

거란도
거란과 교역을 하던 길. 나중에 거란이 발해로 쳐들어올 때도 이 길을 이용했어요.

영주도
대조영이 당나라군을 피해 동모산으로 향할 때 이용한 길. 발해 초기 당나라, 거란과의 교류에 이용되었어요.

조공도
무왕 때, 장문휴 장군이 당나라 등주를 공격할 때 이용한 길. 당나라에 오가는 사신들과 상인들도 이 길을 따라갔어요.

다른 민족을 백성으로 받아들인 까닭은 무엇일까?

고구려는 수많은 정복 활동을 펼치면서 북방 이민족을 고구려 백성으로 받아들였어요. 고구려가 큰 나라로 성장하기 위해서는 다른 민족의 뛰어난 사람들을 고구려 백성으로 만들어야 하기 때문이죠. 발해 역시 고구려 유민뿐만 아니라 말갈인과 같이 다른 종족의 사람들도 백성으로 받아들였어요.

백성이 많으면 무엇이 좋을까요?

백성들이 낸 세금으로 나라를 잘 운영한다.

필요한 물건을 생산한다.

농사를 짓고, 많은 먹을거리를 생산한다.

병사로 훈련하여 나라를 지킨다.

고구려는?

나, 유민? 나, 고구려인!

고구려는 이민족에게 무덤을 지키고, 보호하고, 관리하고, 제사를 지내는 일을 맡겼다. 또한 땅도 나누어 주는 등 다른 민족도 백성으로 대했다.

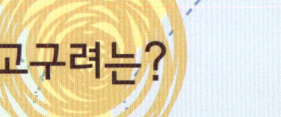

나, 무덤을 지키고 제사를 지내는 사람이야!

고구려 사람들은 '무덤'을 영혼이 거주하는 공간이라고 생각하여 매우 중요하게 여겼다. 광개토 대왕릉비의 1/3이 광개토 대왕의 묘를 담당하는 사람의 일에 관한 것이다.

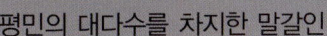

역사와 생각

현재 우리나라에는 외국인 노동자, 중국에서 온 조선족, 우리나라 사람들과 결혼해서 사는 외국인과 그 자녀 등 여러 민족이 함께 살고 있습니다. 이들을 어떻게 대해야 할까요?

일러두기

- 맞춤법, 띄어쓰기는 국립국어원에서 펴낸 《표준국어대사전》을 기준으로 삼았습니다.
  단, 역사 용어의 표기와 띄어쓰기는 교육인적자원부에서 펴낸 《교과서 편수 자료》를 따르되,
  어려운 용어는 쉽게 풀어 썼습니다.
- 학계에서 논의가 끝나지 않은 사안에 대해서는 감수위원의 의견과
  학계에서 인정하는 사료 및 금석문의 기록을 참고하여 반영하였습니다.
- 외국 인명, 지명은 국립국어원의 《외래어 표기 용례집》을 따랐습니다.
  단, 일반적으로 사용하는 우리음 표기도 썼습니다.
- 연도는 1895년 태양력 사용을 기점으로 이전은 음력으로 표기했습니다.
- 이 책에 사용한 사진은 관련 기관의 허락을 받아 게재했습니다.
  저작권자와 초상권자를 찾지 못한 일부 사진은 확인되는 대로 허락을 받겠습니다.

사진 출처 및 제공처

34-35	소그드 인의 화폐-송기호
	화동개진 화폐-송기호